Marcel Fenninger

# LIEDER KENNEN KEINE GRENZEN

Hundert Volks- und Kinderlieder
aus dem Elsaß
auf französisch,
elsässisch und deutsch
einfach zu singen und zu spielen

Illustration Muriel Zappaterra
Aus dem Französischen von Ursula Kauß

EDITION DNA

Layout: Michèle Sturm
Notengrafik: Paul Waeckel
Umschlagabbildung entnommen
aus «Elsässer Sprichle unn Liedle» von Elisabeth Schmitz
(Elsässische Rundschau, Straßburg)

© Edition DNA, Straßburg, 1992.
Alle Rechte vorbehalten
ISBN 2-7165-0212-9

# Laßt uns fröhlich singen!

Bei der Zusammenstellung dieser Liedersammlung lag mir ein Anliegen besonders am Herzen: die Erhaltung der elsässischen Volkskunst und Tradition, die von sehr unterschiedlichen kulturellen und geschichtlichen Entwicklungen geprägt ist. So geht z.B. ein großer Teil des Volksliederrepertoires auf alte deutsche Quellen zurück, während bei den Tänzen Walzer und Mazurka vorherrschend sind. Nicht zu vergessen natürlich auch der französische Einfluß, der für eine weitere Bereicherung sorgt.

Sehr wichtig ist für mich außerdem, daß diese Melodien auch heute noch auf unseren traditionellen Instrumenten (Akkordeon, Mundharmonika, Gitarre, Zither oder Blockflöte) gespielt werden. Deshalb habe ich die Partituren zum größten Teil umgeschrieben und vereinfacht, damit sie auch ohne große Notenkenntnis oder sonstiges theoretisches Musikwissen «gelesen» werden können.

Mir geht es aber nicht nur darum, daß die Melodien gespielt, sondern auch von uns allen gesungen werden. Wie oft passiert es, daß wir nach einer Strophe nicht mehr weiter wissen, einen Vers vergessen haben, uns nur noch an die Hälfte des Textes erinnern! Dem soll dieses Büchlein abhelfen. Ganz gleich ob bei Familienfesten, Ausflügen oder geselligen Abenden in Vereinen, in der Schule oder im Seniorenclub, Gesang bringt Sonne und Fröhlichkeit in unser Leben, heitert unseren Alltag auf.

Wie sagte doch schon Gœthe :
*"Wo man singt da laß dich nieder,*
*böse Menschen haben keine Lieder"*

M.F.

# Das Elsaß und sein Volksliederschatz

Marcel Fenningers Leben steht ganz im Zeichen der Musik, kaum jemand kennt den elsässischen Volksliederschatz besser als er. Für das vorliegende Büchlein hat er hundert Lieder ausgewählt, die quer durch die verschiedenen Generationen einen lebendigen Eindruck von der elsässischen Lebensart und Kultur vermitteln. Marcel Fenninger konnte dabei auf ein außergewöhnlich reichhaltiges Repertoire zurückgreifen. In den elsässischen Dörfern spielte der Gesang schon immer eine große Rolle. Ganz gleich ob in den Werkstätten der Handwerker, bei den Bauern auf dem Feld, bei den abendlichen Zusammenkünften der Jugend unter der Dorflinde oder an den kalten Winterabenden in der warmen Stube der Bauernhäuser, überall wurde fröhlich gesungen und musiziert.

Volkslieder können mit bunten Feld- und Wiesenblumen verglichen werden, die uns im Sommer auf dem Land mit ihrer Farbenpracht erfreuen. Man braucht sie nur zu pflücken, zu arrangieren und zu einem harmonischen Strauß zu binden. Genau das hat Marcel Fenninger mit den elsässischen Volksliedern getan. Er hat die schönsten ausgewählt und zu einem ausgewogenen Melodienstrauß zusammengestellt, der an jene bunten, erfrischenden Blumensträuße erinnert, die früher die einfachen Bauernstuben wie auch die Nischen der Bildstöcke oder die Altäre der Dorfkapellen zierten.

Die Herkunft der Lieder, die Marcel Fenninger für seinen Melodienstrauß verwendete, ist sehr verschieden. Eines ist ihnen jedoch gemeinsam. Sie werden seit eh und je im Elsaß gesungen, sei es nun in den Chören, in der Schule, in den Jugendgruppen, beim geselligen Beisammensein, bei Familienfeiern, bei Pfarrei- oder Dorffesten, beim «Messti» oder der «Kirwe». Damit rettete er einen wichtigen Teil unseres kulturellen Erbes vor dem Vergessen.

Darüber hinaus hat er sich bemüht, die Melodien so zu arrangieren, daß sie sich für Chöre ebenso eignen wie für Schulen, Vereine oder einen Abend im Familien- bzw. Freundeskreis und dies mit oder ohne Instrumentalbegleitung. Marcel Fenninger hat damit Pionierarbeit geleistet. Dafür gebührt ihm größter Dank.

GEORGES KLEIN
EHRENDIREKTOR DES ELSÄSSISCHEN MUSEUMS IN STRASSBURG

# Les Grenadiers de Reichshoffen

C'é-tait le soir, de la ba-taille de Reichs-hof-fen. Il fal-lait voir les gre-na-diers char-ger.

Gesprochen: Grenadiers chargez.

Gesprochener Text:
Grenadiers chargez.
D'une main… d'un pied…
De deux mains… de deux pieds…
Des mains et des pieds…

# Kuckuck, Kuckuck, ruft' aus dem Wald

HOFFMANN VON FALLERSLEBEN

Ku-ckuck, Ku-ckuck, ruft's aus dem

Wald! Las-set uns sin-gen, tan-zen und sprin-gen,

Früh-ling, Früh-ling, wird es nun bald.

Kuckuck, Kuckuck
Läßt nicht sein Schrei'n.
Komm in die Wälder,
Wiesen und Felder,
Frühling, Frühling,
Stelle dich ein!

Kuckuck, Kuckuck,
Trefflicher Held!
Was du gesungen,
Ist dir gelungen:
Winter, Winter
Räumte das Feld.

# Fais dodo, Colas

Fais do-do, Co-las mon p'tit frè-re. Fais do-do, t'au-ras du lo-lo. Ma-man est en haut, qui fait des gâ-teaux. Pa-pa est en bas, qui fait du nou-gat.

Si tu fais dodo,
Maman vient bientôt.
Si tu ne dors pas,
Papa s'en ira !

# Hänschen klein

Häns-chen klein geht al-lein in die wei-te Welt hi-nein,

Stock und Hut stehn ihm gut, ist ganz wohl-ge-mut.

A-ber Ma-ma wei-net sehr, hat ja nun kein Häns-chen mehr.

„Wünsch dir Glück," sagt ihr Blick, „Kehr nur bald zu-rück."

Sieben Jahr, trüb und klar,
Hänschen in der Fremde war,
Da besinnt sich das Kind,
Eilet heim geschwind.
Doch nun ist's kein Hänschen mehr,
Nein, ein großer Hans ist er,
Braungebrannt Stirn und Hand,
Wird er wohl erkannt ?

Eins, zwei, drei gehn vorbei,
Wissen nicht, wer das wohl sei,
Schwester spricht : "Welch Gesicht !"
Kennt den Bruder nicht.
Kommt daher die Mutter sein,
Schaut ihm kaum ins Aug' hinein,
Spricht sie schon : "Hans, mein Sohn !
Grüß dich Gott, mein Sohn !"

# J'ai du bon tabac

18. Jh.
G. de L'Attaignant

J'ai du bon ta-bac dans ma ta-ba-tiè-re. J'ai du bon ta-bac, tu n'en au-ras pas! J'en ai du fin et du bien râ-pé, Mais ce n'est pas pour ton fi-chu nez.

J'ai du bon tabac
Pour bourrer ma pipe.
J'ai du bon tabac
Tu n'en n'auras pas!

J'en ai du blond
Du noir et du fin,
Mais je n'en donne
Qu'à mes amis.

# Winter, ade !

18. Jh.
Hoffmann von Fallersleben

Winter, ade ! Scheiden tut weh.
Gerne vergeß ich dein,
Kannst immer ferne sein !
Winter ade ! Scheiden tut weh.

Winter ade ! Scheiden tut weh.
Gehst du nicht bald nach Haus,
Lacht dich der Kuckuck aus.
Winter, ade ! Scheiden tut weh.

# Quand j'étais chez mon père

Mais je n'en avais guère,
Je n'avais qu'trois agneaux
Et le loup de la plaine
M'a mangé le plus biau.
*Troupiaux, etc.*

Il était si vorace,
N'a laissé que la piau,
N'a laissé que la queue,
Pour mettre à mon chapiau.
*Troupiaux, etc.*

Mais des os de la bête,
Me fis un chalumiau,
Pour jouer à la fête,
A la fêt' du hamiau.
*Troupiaux, etc.*

Pour fair' danser l'village
Dessous le grand ormiau,
Et les jeun's et les vieilles,
Les pieds dans les sabiots.
*Troupiaux, etc.*

# Karlinele

Kar-li-ne-le, Kar-li-ne-le, Geh mit mir an de Rhin, I dröij dr nitt, i dröij dr nitt, Hab Angscht du fallsch mr nin!

**Refrain**

D'Bue-we gehn in's Wirts-hüs, d'Mai-dle gehn in's Her-re-hüs, Kar-li-ne-le, Kar-li-ne-le, Geh mit mr an de Rhin.

Karlinele, Karlinele,
Geh mit mr üewer's Holz
I dröj dr nitt, i dröj dr nitt
Die Buewe sinn ze stolz
D'Buewe gehn in's, etc.

Karlinele, Karlinele
Was mache dini Gäns ?
Sie wäsche sich, sie putze sich
Un wäddle mit de Schwänz
*D'Buewe gehn in's, etc.*

Karlinele, Karlinele
Nemm dü de Zimmermann
Er böijt dr e schön's Hisele
Un au e Gärtel dran
*D'Buewe gehn in's, etc.*

# Ah ! Vous dirais-je maman

18. Jh.

Ah ! Vous dirais-je maman  
Ce qui cause mon tourment ?  
Depuis que j'ai vu Silvandre  
Me regarder d'un air tendre,  
Mon cœur dit à chaque instant :  
"Peut-on vivre sans amant ?"

L'autre jour, dans un bosquet
De fleurs, il fit un bouquet.
Il en para ma houlette
Me disant : "Belle brunette,
Flore est moins belle que toi,
L'amour moins tendre que moi."

Je rougis, et, par malheur,
Un soupir trahit mon cœur.
Le cruel, avec adresse,
Profita de ma faiblesse.
Hélas, maman, un faux pas
Me fit tomber dans ses bras.

Je n'avais pour tout soutien
Que ma houlette et mon chien.
L'amour voulant ma défaite
Ecarta chien et houlette.
Ah ! Qu'on goûte de douceur
Quand l'amour prend soin du cœur.

# Quand trois poules vont aux champs

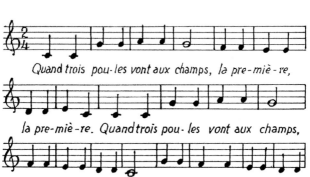

Quand trois pou-les vont aux champs, la pre-miè-re,

la pre-miè-re. Quand trois pou-les vont aux champs,

la pre-miè-re va de-vant. La se-conde suit la pre-miè-re,

la troi-sième suit la der-niè-re. Quand trois pou-les

vont aux champs, la pre-miè-re va de-vant.

# Au fond des bois

Au fond des bois. J'en-tends la voix, la voix des cors loin-

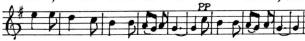

tains, la voix des cors loin-tains. A leur con-cert, sous

l'ar-bre vert, sau-til-lent les lu-tins, sau-til-lent les lu-tins.

Chagrin, douleur
S'en vont du cœur
Aux sons de leurs accords; (2x)
Aux gais accents
De notre chant
S'unit la voix des cors. (2x)

Le son des cors
Nous dit encor'
La plainte, les regrets; (2x)
Il fait vibrer.
Il fait pleurer
L'écho de nos forêts. (2x)

# Goldne Abendsonne

ANNA BARBARA ARNER

Gold-ne A-bend-son-ne, Wie bist du so schön!
Nie kann oh-ne Won-ne dei-nen Glanz ich sehn.

Bist du dann geschieden,
Hüllt uns ein die Nacht.
Doch, wir ruhn in Frieden,
Gott im Himmel wacht.

Abendglocken singen
Von der Türme Dach,
Mit gewaltgem Schwingen
Dir den Abschied nach

Und die Hände heben
Zum Gebet sich all.
Die Gebete schweben
Auf zum Glockenschall.

Seht, sie ist geschieden,
Lässt uns in der Nacht.
Doch, wir sind im Frieden,
Und der Himmel wacht.

Du, o Gott der Wunder,
Der im Himmel wohnt,
Gehest nicht so unter
Wie die Sonn, der Mond.

Wollest auf uns senden,
Herr, dein ewig Licht,
Dass zu dir wir wenden
Unser Angesicht.

# Guter Mond

Theodor Enslin

Gu-ter Mond, du gehst so stil-le durch die A-bend-wol-ken hin; dei-nes Schöp-fers wei-ser Wil-le hiess auf je-ner Bahn dich ziehn. Leuch-te freund-lich je-dem Mü-den in das stil-le Käm-mer-lein! und dein Schim-mer gies-se Frie-den, ins be-dräng-te Herz hin-ein.

Guter Mond, du wandelst leise
An dem blauen Himmelszelt,
Wo dich Gott zu seinem Preise
Hat als Leuchte hingestellt.
Blicke traulich zu uns nieder,
Durch die Nacht aufs Erdenrund
Als ein treuer Menschenhüter
Tust du Gottes Liebe kund.

Guter Mond, so sanft und milde
Glänzest du im Sternenmeer,
Wallest in dem Lichtgefilde
Still und feierlich daher.
Menschentröster, Gottesbote,
Der auf Friedenswolken thront,
Zu der schönsten Morgenröte
Führst du uns, o guter Mond.

# Weißt du wieviel Sternlein stehen?

WILHELM HEY

Weisst du wie-viel Stern-lein ste-hen an dem blau-en Him-mels-zelt? Weisst du wie-viel Wol-ken ge-hen weit hin-ü-ber al-le Welt? Gott der Herr hat si ge-zäh-let, dass ihm auch nicht ei-nes feh-let an der gan-zen gros-sen Zahl, an der gan-zen gros-sen Zahl.

Weißt du wieviel Mücklein spielen
In der hellen Sonnenglut ?
Wieviel Fischlein auch sich kühlen
In der hellen Wasserflut ?
Gott der Herr rief sie mit Namen,
Daß sie all ins Leben kamen,
Daß sie nun so fröhlich sind.(2x)

Weißt du wieviel Kinder frühe
Stehn aus ihren Bettlein auf.
Daß sie ohne Sorg une Mühe
Fröhlich sind im Tageslauf ?
Gott im Himmel hat an allen
Seine Lust, sein Wohlgefallen,
Kennt auch dich und hat dich lieb.(2x)

# Au clair de la lune

17. Jh.
WAHRSCH. VON JEAN-BAPTISTE LULLI

Au clair de la lu-ne, mon a-mi Pier-rot Prê-te moi ta plu-me pour é-crire un mot. Ma chan-delle est mor-te, j'en ai plus de feu. Ou-vre moi ta por-te pour l'a-mour de Dieu.

Au clair de la lune,
Pierrot répondit :
Je n'ai pas de plume,
Je suis dans mon lit.
Va chez la voisine,
Je crois qu'elle y est,
Car dans sa cuisine,
On bat le briquet.

# Par derrière chez ma tante

Par der-rière chez ma tan-te il y'a un bois jo-li,

le ros-si-gnol y chan-te et le jour et la nuit.

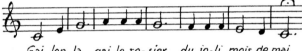

Gai lon la, gai le ro-sier du jo-li mois de mai.

Il chante pour les belles qui n'ont pas de mari
Il ne chant' pas pour moi
Car j'en ai un joli.
*Gai-lon-la, etc.*

Il n'est point dans la danse, il est bien loin d'ici
Que donn'riez-vous la belle,
Qui l'amèn'rait ici ?
*Gai-lon-la, etc.*

Je donnerais Versailles, Paris et Saint-Denis
Et la claire fontaine
De mon jardin joli.
*Gai-lon-la, etc.*

# Sont les filles de La Rochelle

AUNIS-SAINTONGE

Sont les filles de La Ro-chel-le, Ont ar-mé un bâ-ti-ment, Ont ar-mé un bâ-ti-ment, Pour al-ler fai-re la cour-se De-dans les mers du Le-vant, Ah! la feuil-le s'en-vo-le, s'en-vo-le, Ah! la feuil-le s'en-vole au vent.

La grand' vergue est en ivoire,
Les poulies en diamant, (2x)
La grand' voile est en dentelle,
La misaine en satin blanc.
Ah ! La feuille s'envole, s'envole,
Ah ! La feuille s'envole au vent.

Les cordages du navire
Sont de fil d'or et d'argent (2x)
Et la coque est en bois rouge
Travaillé fort proprement.
*Ah ! La feuille, etc.*

L'équipage du navire
C'est tout filles de quinze ans, (2x)
Le cap'tain qui les commande
Est le roi des bons enfants.
*Ah ! La feuille, etc.*

Hier, faisant sa promenade,
Dessus le gaillard d'avant, (2x)
Aperçut une brunette
Qui pleurait dans les haubans.
*Ah ! La feuille, etc.*

"Qu'avez-vous, gentill' brunette,
Qu'avez-vous à pleurer tant ? (2x)
Av' vous perdu père et mère
Ou quelqu'un de vos parents ?"
*Ah ! La feuille, etc.*

"J'ai cueilli la rose blanche
Qui s'en fut la voile au vent. (2x)
Elle est partie vent arrière,
Reviendra z-en louvoyant."
*Ah ! La feuille, etc.*

# La Marseillaise

Rouget de Lisle

Al-lons en-fants de la Pa-tri——e, Le jour de gloire est ar-ri-vé! Con-tre nous de la ty-ran-ni-e, L'é-ten-dard san-glant est le-vé, L'é-ten-dard san-glant est le-vé. En-ten-dez-vous dans les cam-pa-gnes Mu-gir ces fé-ro-ces sol-dats, Ils vien-nent jus-que dans nos bras, E-gor-ger nos fils, nos com-pa-gnes. Aux ar-mes ci-toy-

ens, For-mez vos ba-tail-lons ! Mar-chons, Mar-chons, Qu'un sang im-pur a-breu-ve nos sil-lons.

Amour sacré de la patrie,
Conduis, soutiens nos bras vengeurs !
Liberté, liberté chérie,
Combats avec tes défenseurs ! (2x)
Sous nos drapeaux, que la victoire
Accoure à tes mâles accents !
Que tes ennemis expirants
Voient ton triomphe et notre gloire !
*Aux armes, etc.*

Nous entrerons dans la carrière
Quand nos aînés n'y seront plus ;
Nous y trouverons leur poussière
Et la trace de leurs vertus. (2x)
Bien moins jaloux de leur survivre
Que de partager leur cercueil
Nous aurons le sublime orgueil
De les venger ou de les suivre !
*Aux armes, etc.*

# La Bohême

ÖSTERREICH

Chante et dan-se la Bo-hê-me, fa-ria, fa-ria, hô!

Vole et campe où Dieu la mè-ne, fa-ria, fa-ria, hô!

Sans sou-ci, au grand so-leil, Cou-le des jours sans pa-reils.

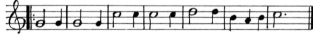

Fa-ria, fa-ria, fa-ria, fa-ria, fa-ria, fa-ri-a, hô!

Dans sa bourse rien ne pèse,
*Faria, etc.*
Mais son coeur bat tout à l'aise,
*Faria, etc.*
Point de compte et point d'impôt
Rien ne trouble son repos.
*Faria, etc.*

Si la soif brûle sa gorge,
*Faria, etc.*
Au ravin la source est proche,
*Faria, etc.*
Eaux plus claires que l'Asti,
En vous tout le ciel sourit.
*Faria, etc.*

Sur la mousse ou dans la paille,
*Faria, etc.*
Trouve un lit fait à sa taille,
*Faria, etc.*
Cœur léger, bohême dort
Que n'éveille aucun remords.
*Faria, etc.*

Est si mince son bagage
*Faria, etc.*
Que sans cesse déménage,
*Faria, etc.*
Dans le ciel, quand Dieu voudra,
En chantant s'envolera.
*Faria, etc.*

# Zigeunerleben

ÖSTERREICH

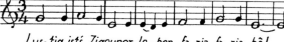

Lus-tig ist's Zigeuner-le-ben, fa-ria, fa-ria, hô!

Braucht dem Staat kein Zinns zu ge-ben, fa-ria, fa-ria, hô!

Lus-tig ist im grü-nen Wald des Zi-geu-ners Aufenthalt.

Fa-ria, fa-ria, fa-ria, fa-ria, fa-ria, fa-ri-a, hô!

Lustig ist's Zigeunerleben, *faria, etc.*
Braucht dem Staat kein Zins zu geben, *faria, etc.*
Lustig ist im grünen Wald
des Zigeuners Aufenthalt, *faria, etc.*

Wenn uns tut der Hunger plagen, *faria, etc.*
Gehn wir gleich ein Rehlein jagen. *faria, etc.*
Kommt der Jäger in die Quer,
Freuen wir uns um so mehr, *faria, etc.*

Und wenn uns der Durst tut plagen, *faria, etc.*
Gleich wir nach dem Wirtshaus fragen, *faria, etc.*
Und vom allerbesten Wein
Schenken wir uns fröhlich ein. *faria, etc.*

Ist der Beutel leicht geworden, *faria, etc.*
Freu'n sich die Zigeunerhorden, *faria, etc.*
Denn da geht für jedermann
Frohes Bettlerleben an. *faria, etc.*

Sollen wir die Zukunft sagen, *faria, etc.*
Wisse wir euch auszufragen, *faria, etc.*
Ein Paar Groschen auf die Hand :
Und d'Planeten sind bekannt, *faria, etc.*

Wem wir soll'n die Zukunft lesen, *faria, etc.*
Ist noch nie was nutz' gewesen, *faria, etc.*
Wer nichts Böses hat getan
Geht uns nicht mit Bitten an, *faria, etc.*

# Sur la route de Louviers

ILE-DE-FRANCE

Sur la rou-te de Lou-viers, Y'a-vait un pauv' can-ton-nier. Sur la rou-te de Lou-viers, Y'a-vait un pauv' can-ton-nier. Qui cas-sait des tas d'cail-loux, des tas d'cail-loux, des tas d'cail-loux Pour mett' sur (Ah, oui!) l'pas-sage des roues.

Un' bell' dam' vint à passer
Dans un beau carross' doré,
(2x)
Qui lui dit : « Pauv' cantonnier,
Pauv' cantonnier, pauv' cantonnier.
Tu fais un (Ah, oui !) fichu métier ! »

Le cantonnier lui répond :
« Faut qu'j'nourrissions nos garçons.
(2x)
Si j'roulions carross' comm' vous
Carross' comm' vous, carross' comm' vous
Ne cass'rions (Ah, oui !) pas de cailloux »

Cette répons' se fait r'marquer
Par sa grande simplicité
(2x)
C' qui prouv' que les malheureux
Les malheureux, les malheureux,
S'ils le sont (Ah, oui !), c'est malgré eux.

# Fuchs, du hast die Gans gestohlen

Text :
Ernst Anschütz

Fuchs, du hast die Gans ge-stoh-len,

gib sie wie-der her! Gib sie wie-der her! Sonst wird dich der

Jä-ger ho-len mit dem Schiess-ge-wehr, Sonst wird dich der

Jä - ger ho-len mit dem Schiess-ge-wehr.

Seine große, lange Flinte
Schießt auf dich das Schrot, (2x)
Daß dich färbt die rote Tinte,
Und dann bist du tot,.


Liebes Füchslein, laß dir raten,
Sei doch nur kein Dieb, (2x)
Nimm, du brauchst nicht Gänsebraten,
Mit der Maus vorlieb.

(2x)

# Das Elsaß, unser Ländel

Patriot. Lied aus der Zeit vor 1870

Das El-sass, un-ser Län-del, Das esch mei – nei – dig

scheen, Mir he-we's fest am Bän-del un lohn's mi sechs net

gehn, Ju-hé! un lohn's mi sechs net gehn.

Im Elsass isch göet läwe,
Des wisse alli Litt,
Denn doo gibst's Feld und Räwe
Was eim's Herz so erfreit
Jube !
Was eim's Herz so erfreit.

Stejt mer uft d hote Beije,
Un lüjt erab in's Thal,
Sicht mer de Gottes säje
Un Länder iwerall,
Jube !
Un Länder iwerall.

Mer Liewe unser Ländel,
Mer sinn jo sinni Seet'n
Un halte's fecht am Bändel
Un lehn's Bigott nitt gehn,
*Jube* !
Un lehn's Bigott nitt gehn.

# Alle Vögel sind schon da

HOFFMANN VON FALLERSLEBEN

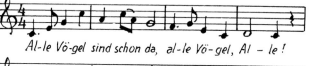

Al-le Vö-gel sind schon da, al-le Vö-gel, Al – le!

Welch ein Sin-gen, Mu-si-ziern, Pfei-fen, Zwit-schern, Ti-ri-liern!

Früh-ling will nun ein-mar-schiern. Kommt mit Sang und Schal-le.

Wie sie alle lustig sind, flink und froh sich regen !
Amsel, Drossel, Fink und Star,
Und die ganze Vogelschar.
Wünschen dir ein frohes Jahr,
Lauter Heil und Segen.

Was sie uns verkündet nun, nehmen wir zu Herzen :
Wir auch wollen lustig sein,
Lustig wie die Vögelein,
Hier und dort, feldaus, feldein
Singen, springen, scherzen.

# Die Vögelein im Walde

Die Vö-ge-lein im Wal-de, die san-gen, san-gen, sang so wun-der wun-der schön, In der Hei-mat, in der Hei-mat da gibt's ein Wie-der sehn, Ja! Wie-der-sehn, In der Hei-mat, in der Hei-mat, da gibt's ein Wie-der-sehn.

# A la claire fontaine

KANADA

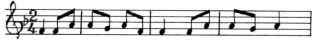
A la clai-re fon-tai-ne M'en al-lant pro-me-ner,

J'ai trou-vé l'eau si bel-le Que je m'y suis bai-gné.

Il y a long-temps que je t'ai-me, Ja-mais je ne t'ou-blie-rai.

J'ai trouvé l'eau si belle
Que je m'y suis baigné.
Sous les feuilles d'un chêne,
Je me suis fait sécher.
*Il y a longtemps, etc.*

Sous les feuilles d'un chêne,
Je me suis fait sécher,
Sur la plus haute branche,
Le rossignol chantait.
*Il y a lontemps, etc.*

Sur la plus haute branche,
Le rossignol chantait.
Chante rossignol, chante,
Toi qui as le cœur gai.
*Il y a longtemps, etc.*

Chante rossignol, chante,
Toi qui as le cœur gai.
Tu as le cœur à rire,
Moi, je l'ai à pleurer.
*Il y a longtemps, etc.*

Tu as le cœur à rire,
Moi je l'ai-t-à pleurer :
J'ai perdu ma maîtresse
Sans l'avoir mérité.
*Il y a longtemps, etc.*

J'ai perdu ma maîtresse
Sans l'avoir mérité,
Pour un bouquet de roses
Que je lui refusai.
*Il y a longtemps, etc.*

Pour un bouquet de roses
Que je lui refusai.
Je voudrais que la rose
Fût encore au rosier.
*Il y a longtemps, etc.*

Je voudrais que la rose
Fût encore au rosier,
Et moi et ma maîtresse
Dans les mêm's amitiés.
*Il y a longtemps, etc.*

# Am Brunnen vor dem Tore

Franz Schubert

Ich mußt auch heute wandern
Vorbei in tiefer Nacht,
Da hab' ich noch im Dunkeln
Die Augen zugemacht.
Und seine Zweige rauschten
Als riefen sie mir zu :
"Komm her zu mir Geselle,
Hier find'st du deine Ruh' !"

Die kalten Winde bliesen
Mir grad ins Angesicht.
Der Hut flog mir vom Kopfe,
Ich achtete es nicht.
Nun bin ich manche Stunde
Entfernt von jenem Ort
Und immer hör ich's rauschen :
"Du fändest Ruhe dort."

# Dessous ma fenêtre

VOLKSLIED AUS
DEN PYRENÄEN

Des-sous ma fe-nê-tre, y'a un oi-se-let, tou-te la nuit chan-te, chante sa chan-son.

**Refrain**

S'il chan-te, qu'il chan-te, ce n'est pas pour moi, Mais c'est pour ma mi-e, Qui est loin de moi.

De bat ma finestro
Ya ün aousèlou
Touto la neï canto
Canto sa cansou
*Sé canto, què canto*
*Canto pas per you*
*Canto per ma mio*
*Qu'es allèn de you*

Aquèlos mountagnos
Qué tan aoutos sount
M'empatchon de bésé
Mas amous oun sount.
*Se canto, etc.*

Baïssas-bous, mountagnos,
Planos, aoussas-bous !
Per que posqui bésé
Mas amous oun sount.
*Se canto, etc.*

Aquèlos mountagnos,
Tant s'abacharan,
Mas amourettos
Se rraproucharan.
*Se canto, etc.*

Ces fières montagnes,
A mes yeux navrés
Cachent de ma mie
Le toit bien-aimé.
*S'il chante, etc.*

Baissez-vous, montagnes,
Plaines, haussez-vous,
Que mes yeux s'en aillent
Où sont mes amours ?
*S'il chante, etc.*

Les chères montagnes
Tant s'abaisseront
Qu'à la fin ma mie
Mes yeux reverront.
*S'il chante, etc.*

# Le Rigaudon

Le prin-temps qui char-me la ber-gè-re, Le prin-temps ne du-re pas long-temps. Les beaux jours a-mis ne du-rent guè-re, Les beaux jours ne du-rent pas tou-jours.

Refrain

Ti-ra, ri-ra, ri-re, Il vaut mieux en ri-re. Frè-res ve-nez donc dan-ser le ri-gau-don.

Fraîches fleurs seront bientôt fanées
Fraîches fleurs vont perdre leurs couleurs
En passant, mesdames, les années
En passant, suivez d'un pas glissant.
*Tira, rira, rire, etc.*

On sait bien que la jeunesse est brève
On sait qu'il n'en restera rien
Nous fuyons, rapides comme un rêve
Nous fuyons ainsi que des chansons.
*Tira, rira, rire, etc.*

# Plantons la vigne

De vigne en grappe,
Ah ! Voyez la joli' grappe.
*Grappi, grappez, grappons le vin.*
*Ah ! Voyez la joli' grappe à vin,*
*Ah ! Voyez la joli' grappe !*

De grappe en hotte,
Ah ! Voyez la joli' hotte.
*Hotti, hottez, etc.*

De hotte en cuve,
Ah ! Voyez la joli' cuve.
*Cuvi, cuvez, etc.*

De cuve en cruche,
Ah ! Voyez la jolie cruche.
*Cruchi, cruchez, etc.*

De cruche en verre,
Ah ! Voyez le joli verre
*Verri, verrez, etc.*

De verre en bouche,
Ah ! Voyez la joli' bouche.
*Bouchi, bouchez, etc.*

De bouche en tête,
Ah ! Voyez la joli' tête.
*Têti, têtez, etc.*

De tête en fête,
Ah ! Voyez la joli' fête.
*Fêti, fêtez, etc.*

# Quand la mer Rouge apparut

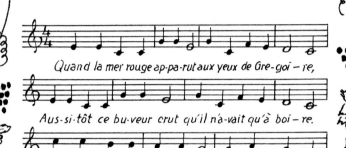

Quand la mer rouge ap-pa-rut aux yeux de Gre-goi-re,

Aus-si-tôt ce bu-veur crut qu'il n'a-vait qu'à boi-re.

Mais mon voi-sin fut plus fin, voy-ant qu'c'é-tait

pas du vin, il la pass pass pass, il la sa sa sa, il la

pass, il la sa, il la pas-sa tou-te sans boire u-ne gout-te.

Alexandre dont le nom a rempli la terre
N'aimait pas tant le canon qu'il n'aimait le verre
Si Mars parmi les guerriers s'est acquis tant de lauriers
Que pouvons-nous nous, que devons-nous nous
Que devons, que pouvons, que devons-nous croire ?
Sinon qu'il sut boire.

# Dans la forêt lointaine

# Guten Abend, gut' Nacht

J. Brahms

Gu-ten A-bend, gut Nacht! mit Ro-sen be-dacht, mit Näg-lein be-steckt, Schlupf' un-ter die Deck. Mor-gen früh, wenn Gott will, wirst du wie-der ge-weckt, Mor-gen früh, wenn Gott will, wirst du wie-der ge-weckt.

Guten Abend, gut' Nacht,
Von Englein bewacht,
Die zeigen im Traum
Dir Christkindleins Baum.
Schlaf nun selig und süß,
Schau im Traum's Paradies,
*(die beiden letzten Zeilen wiederholen)*

Guten Abend, gut' Nacht,
Gottes Liebe, sie wacht,
Was dir lieb und verwandt,
Befiel Gottes Hand.
Ob es nah, ob es fern,
Vertrau es dem Herrn!
*(die beiden letzten Zeilen wiederholen)*

# Kommt ein Vogel geflogen

ÖSTERREICHISCHE MELODIE VON 1822

Kommt ein Vo-gel ge-flo-gen, setzt sich nie-der auf mein'n

Fuss, hatt ein'n Zet-tel im Schna-bel, von der Mut-ter ei-nen Gruss.

Lieber Vogel, flieg weiter,
Bring ein' Gruß mit, einen Kuß,
Denn ich kann dich nicht begleiten,
Weil ich hierbleiben muß.

# Muß i denn zum

Heinrich Wagner

Muss i denn, muss i denn zum Städt-le hi-naus,

Städt-le hi-naus, und du, mein Schatz, bleibst hier? Wenn i

komm, wenn i komm, wenn i wied'rum komm,

wied'rum komm, kehr i ein, mein Schatz, bei dir! Kann ich

gleich nit all-weil bei dir sein, han i doch mein Freud' an

dir! wenn i komm, wenn i komm, wenn i wied'rum komm,

wied'rum komm, kehr i ein mein Schatz, bei dir.

Übers Jahr, übers Jahr, wenn mer Träubele schneid't,
Träubele schneid't, stell i hier mi wiedrum ein.
Bin i dann, bin i dann,
Dein Schätzele noch,
Schätzele noch, so soll die Hochzeit sein.

Übers Jahr, da ist mein Zeit vorbei,
Da g'hör i mein und dein,
Bin i dann,
Bin i dann,
Dein Schätzele noch,
Schätzele noch, dann soll die Hochzeit sein !

# Rosemarie

Ro-se-ma-rie, Ro-se-ma-rie, sie-ben Jah-re mein Herz nach dir schrie, Ro-se-ma-rie, Ro-se-ma-rie, a-ber du hör-test es nie.

Jedwede Nacht, jedwede Nacht
Hat mir im Traume dein Bild zugelacht,
Kam dann der Tag, kam dann der Tag,
Wieder alleine ich lag.

Jetzt bin ich alt, jetzt bin ich alt,
Aber mein Herz ist noch immer nicht kalt,
Schläft wohl schon bald, schläft wohl schon bald,
Doch bis zuletzt es noch hallt.

Rosemarie, Rosemarie,
Sieben Jahre mein Herz nach dir schrie,
Rosemarie, Rosemarie,
Aber du hörtest es nie.

# Ich bin ein Musikant

Ich bin ein Musikant
Und komm aus Schwabenland.
Ich kann auch spielen, auf der Trompete :
*Tä-tä-tä-rä, tä-tä-tä-rä, etc.*

Ich bin ein Musikant
Und komm aus Schwabenland.
Ich kann auch spielen auf meiner Pauke
*Bum-bum-be-rum, bum-bum-be-rum, etc.*

# Horch, was kommt von draußen rein?

Horch, was kommt von draus-sen rein? Hol-la-hi, Hol-la-ho! Wird wohl mein fein's Lieb-chen sein, Hol-la-hi-la-ho! Geht vor-bei und schaut nicht rein, Hol-la-hi, Hol-la-ho, wird's wohl nicht ge-we-sen sein, Hol-la-hi-la-ho!

Leute haben's oft gesagt,
Ho-la-hi, ho-la-ho,
Was ich für'n fein's Liebchen hab,
Ho-la-hi, ho-la-ho,
Lass sie reden, sei fein still,
Ho-la-hi, ho-la-ho,
Kann ja lieben, wen ich will,
Ho-la-hi, ho-la-ho!

Wenn mein Liebchen Hochzeit hat,
Ho-la-hi, ho-la-ho,
Ist für mich ein Trauertag,
Ho-la-hi, ho-la-ho,
Geh'ich in mein' Kämmerlein,
Ho-la-hi, ho-la-ho,
Trage meinen Schmerz allein,
Ho-la-hi, ho-la-ho !

Wenn ich dann gestorben bin,
Ho-la-hi, ho-la-ho,
Trägt man mich zum Grabe hin,
Ho-la-hi, ho-la-ho,
Setzt mir keinen weichen Stein,
Ho-la-hi, ho-la-ho,
Glantz dich darauf "Vergiß nicht mein"!
Ho-la-hi, ho-la-ho !

# Nun ade, du mein lieb Heimatland!

Wie du lachst mit deines Himmels Blau,
*Lieb Heimtland, ade !*
Wie du grüßest mich mit Feld und Au,
*Lieb Heimatland, ade !*
Gott weiß, zu dir steht stets mein Sinn,
Doch jetzt zur Ferne zieht's mich hin,
*Lieb Heimatland, ade !*

Begleitest ich, du lieber Fluß,
*Lieb Heimatland, ade !*
Bist traurig, daß ich wandern muß,
*Lieb Heimatland, ade !*
Vom moos'gen Stein, vom wald'gen Tal,
Da grüß ich dich zum letztenmal,
*Lieb Heimatland, ade !*

# Ein Vogel wollte Hochzeit machen

Ein Vogel wollt-te Hoch-zeit ma-chen in dem grü-nen Wal-de, vi-de-ra-la-la, vi-de-ra-la-la, vi-de-ra-la-la-la-la-la-la.

Die Drossel war der Bräutigam,
Die Amsel war die Braute.
*Videralala, etc.*

Der Sperber, der Sperber,
Der war der Hochzeitswerber.
*Videralala, etc.*

Die Lerche, die Lerche,
Die führt' die Braut zur Kirche.
*Videralala, etc.*

Frau Nachtigall, Frau Nachtigall,
Die sang mit ihrem schönsten Schall
*Videralala, etc.*

Der Spatz, der kocht das Hochzeitsmahl
Verzehrt die schönsten Bissen all.
*Videralala, etc.*

Der grüne Specht, der grüne Specht,
Der war des Küchenmeisters Knecht.
*Videralala, etc.*

Die Meisen, die Meisen,
Die brachten bald die Speisen.
*Videralala, etc.*

Die Finken, die Finken,
Die brachten was zu trinken.
*Videralala, etc.*

Die Gänse und die Anten,
Das war'n die Musikanten.
*Videralala, etc.*

Der Pfau mit seinem bunten Schwanz,
Der führt' die Braut zum Hochzeitstanz.
*Videralala, etc.*

Brautmutter war die Eule,
Nahm Abschied mit Geheule.
*Videralala, etc.*

Nun ist Vogelhochzeit aus,
Und alle ziehn vergnügt nach Haus.
*Videralala, etc.*

# Im schönsten Wiesengrunde

Im schön-sten Wie-sen-grun – de ist

mei-ner Hei-mat Haus; Da zog ich man-che Stun-de ins

Tal hi-naus, Dich, mein stil-les Tal, grüss ich

Tau-send mal! Da zog ich man-che Stun-de ins Tal hi-naus.

Muß aus dem Tal jetzt scheiden,
Wo alles Lust und Klang,
Das ist mein herbstes Leiden,
Mein letzter Gang.
*Dich, mein stilles Tal,*
*grüss'ich tausendmal!*
*Das ist mein herbstes Leiden,*
*Mein letzter Gang.*

Sterb'ich, in Tales Grunde,
Will ich begraben sein,
Singt mir zur letzten Stunde,
Beim Abendschein.
*Dich, mein stilles Tal,*
*Gruss zum letzen Mal!*
*Singt mir zur letzen Stunde*
*Beim Abendschein.*

# Boire un petit coup

Boire un pe-tit coup, c'est a-gré-a-ble,
Boire un pe-tit coup, c'est doux. Mais il ne faut
pas rou-ler des-sous la ta-ble, Boire un pe-tit
coup c'est a-gré-a-ble, Boire un pe-tit coup, c'est doux.

J'aime le jambon et la saucisse,
J'aime le jambon quand il est bon.
Mais j'aime encore mieux
Le lait de ma nourrice
J'aime le jambon et la saucisse,
J'aime le jambon quand il est bon.

Allons dans le bois ma mignonnette !
Allons dans le bois du roi !
Nous y cueillerons la fraîche violette.
Allons dans le bois ma mignonnette !
Allons dans le bois du roi !

Non Lucien tu n'auras pas ma rose,
Non Lucien tu n'auras rien !
Monsieur le curé a défendu la chose.
Non Lucien tu n'auras pas ma rose,
Non Lucien tu n'auras rien !

# Der Hans im Schnokeloch

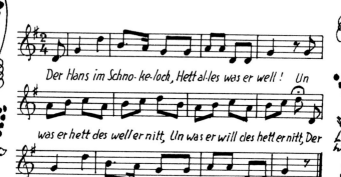

Der Hans im Schnokeloch, Hett al-les was er well ! Un was er hett des well er nitt, Un was er will des hett er nitt, Der Hans im Schno-ke-loch, Hett al-les was er well !

Der Hans im Schnokeloch
Saat alles, was er will !
Un was er saat
Des denkt er nitt,
Un was er denkt
Der saat er nitt !
Der Hans, etc.

Der Hans im Schnokeloch
Düet alles, was er will !
Un was er düet
Des soll er nitt,
Un was er soll
Des düet er nitt !
Der Hans, etc.

Der Hans im Schnokeloch
Kann alles, was er will !
Un was er kann
Des macht er nitt,
Un was er macht
Gerot im nitt !
Der Hans, etc.

Der Hans im Schnokeloch
Geht anne, wo er will !
Un wo er isch
Do bliebt er nitt,
Un wo er bliebt
Do g'fallt's em nitt !
Der Hans, etc.

# Alouette

CANADA

A-lou-et-te, gen-tille a-lou-et-te, a-lou-et-te je te plu-me-rai. Je te plu-me-rai le bec, je te plu-me-rai le bec, Et le bec, et le bec, A-lou-ett', a-lou-ett', Ah!

Je te plumerai la tête (2x)
Et la tête (2x) et le bec (2x)
Je te plumerai le cou (2x)
Et le cou (2x) et la tête (2x) et le bec (2x)
Je te plumerai le dos (2x)
Et le dos (2x), etc.
Je te plumerai le ventre (2x)
Et le ventre (2x), etc.
Je te plumerai les pattes (2x)
Et les pattes (2x), etc.
Je te plumerai les ailes (2x)
Et les ailes (2x), etc.
Je te plumerai la queue (2x)
Et la queue (2x), etc.

# Wem Gott will rechte Gunst erweisen

1853

Wem Gott will rech-te Gunst er-wei – sen, den schickt er in die wei-te Welt, dem will er seine Wun-der wei – sen, in Berg und Wald und Strom und Feld.

Die Bächlein von den Bergen springen,
Die Lerchen schwirren hoch vor Lust,
Was sollt ich nicht mit ihnen singen,
Aus voller Kehl und frischer Brust ?

Den lieben Gott laß ich nur walten;
Der Bächlein, Lerchen, Wald und Feld
Und Erd und Himmel will erhalten,
Hat auch mein Sach aufs best bestellt !

# Ein Männlein steht im Walde

Hoffmann von Fallersleben

Ein Männ-lein steht im Wal-de ganz still und stumm. Es

hat von lau-ter Pur-pur ein Mänt-lein um.

Sagt wer mag das Männ-lein sein, das da steht im

Wald al-lein, mit dem pur-pur-ro-ten Män-te-lein?

Ein Männlein steht im Walde auf einem Bein
Und hat auf seinem Haupte schwarz Käpplein klein.
Sagt, wer mag das Männlein sein,
Das da steht im Wald allein
Mit dem kleinen schwarzen Käppelein?

# Frère Jacques

# Schlof Kendele, schlof

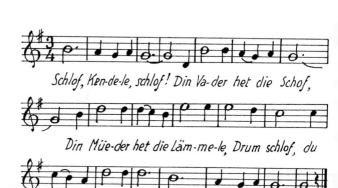

Schlof, Ken-de-le, schlof! Din Va-der het die Schof,

Din Müe-der het die Läm-me-le, Drum schlof, du

gol-dig's Än-ge-le, Schlof, Ken-de-le schlof.

*Schlof, Kendele, schlof !*
Din Vadder hiät die Schof,
Diä Müeder schiddelt s'Bäumele,
Do fallt herab ä Draümele,
*Schlof, etc.*

*Schlof, etc.*
Am Himmel gehn die Schof,
Die Stärnle sin die Lämmele,
Der Mon, der isch das Schäferle,
*Schlof, etc.*

*Schlof, etc.*
Un briäl nit wiä nä Schof,
Suscht kummt des Schäfers Hindele
Un bisst mi beeses Kendele,
*Schlof, etc.*

*Schlof, etc.*
Gang furt, un hiät die Schof
Gang furt, dü schwarzes Hindele,
Un weck mer nit mi Kendele,
*Schlof, etc.*

# Là-haut, sur la montagne

JOSEPH BOVET

Là-haut, sur la mon-ta-gne, l'é-tait un vieux cha-let.

Murs blancs, toit de bar-deaux, de-vant la porte un vieux bou-

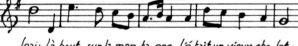

leau, Là-haut, sur la mon-ta-gne, l'é-tait un vieux cha-let.

Là-haut, sur la montagne,
Croula le vieux chalet.
(2x)
La neige et les rochers
S'étaient unis pour l'arracher.
*Là-haut, etc.*

Là-haut, sur la montagne,
Quand Jean vint au chalet
(2x)
Pleura de tout son cœur
Sur les débris de son bonheur.
*Là-haut, etc.*

Là-haut, sur la montagne,
L'est un nouveau chalet.
(2x)
Car Jean, d'un cœur vaillant
L'a rebâti plus beau qu'avant.
*Là-haut, etc.*

# Faut-il nous quitter ?
(Chant des adieux)

SCHOTTLAND

Faut-il nous quitter sans es-poir, sans es-poir de re-tour ? Faut-il nous quit-ter sans es-poir de nous re-voir un jour ? Ce n'est qu'un au-re-voir, mes frères, Ce n'est qu'un au-re-voir. Oui nous nous re-ver-rons, mes frères, Ce n'est qu'un au-re-voir.

Formons de nos mains qui s'enlacent
Au déclin de ce jour,
Formons de nos mains qui s'enlacent
Une chaîne d'amour.
*Ce n'est qu'un au revoir, etc.*

Unis par cette douce chaîne
Tous, en ce même lieu,
Unis par cette douce chaîne
Ne faisons point d'adieu.
*Ce n'est qu'un au revoir, etc.*

Car Dieu qui nous voit tous ensemble
Et qui va nous bénir,
Car Dieu qui nous voit tous ensemble
Saura nous réunir.
*Ce n'est qu'un au revoir, etc.*

# O Straßburg !

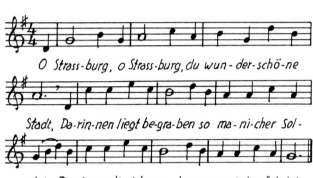

O Strass-burg, o Strass-burg, du wun-der-schö-ne Stadt, Da-rin-nen liegt be-gra-ben so ma-ni-cher Sol-dat. Da-rin-nen liegt be-gra-ben so ma-ni-cher Sol-dat.

Eu'r Sohn kann nicht geben
Für so und so viel Geld,
*Eu'r Sohn und der muß sterben*
*Im weiten breiten Feld.*

(2x)

Im weiten, im breitem,
All vorwärts vor dem Feind;
*Wenn gleich sein schwarzbraun Mädchen*
*So bitter um ihn weint.*

(2x)

Sie trauert, sie weinet,
Sie klaget gar so sehr.
*Ade, mein herzliebst Schätzchen,*
*Wir sehn uns nimmermehr.*

(2x)

So mancher, so schöner,
So tapferer Soldat,
*Der Vater und lieb Mutter*
*Böslich verlassen hat*

(2x)

Verlassen, verlassen,
Es kann nicht anders sein,
*Zu Straßburg, ja zu Straßburg,*
*Soldaten müssen sein.*

(2x)

Die Mutter, die Mutter,
Die ging vor's Hauptmann's Haus :
*Ach ! Hauptmann, lieber Hauptmann,*
*Gebt mir mein Sohn heraus*

(2x)

# Joyeux enfants de la Bourgogne

Au sein d'une vigne, j'ai reçu le jour. Ma mère était digne de tout mon amour. Depuis ma naissance, elle m'a nourri. Par reconnaissance, mon cœur la chérit.

Refrain
Joyeux enfants de la Bourgogne, je n'ai jamais eu de guignon, Quand je vois rougir ma trogne. Je suis fier d'être bourguignon. Joyeux enfants... guignon.

Assis sous la treille,
Plus heureux qu'un roi,
Toujours ma bouteille
A côté de moi.
Jamais je m'embrouille,
Car chaque matin
Je me débarbouille
Dans un verre de vin.
*Joyeux enfants, etc.*

Madère et champagne,
Approchez un peu,
Et vous, vin d'Espagne,
Malgré votre feu.
Le jus de l'ivrogne
Réclame ses droits.
Devant la Bourgogne,
Saluez trois fois.
*Joyeux enfants, etc.*

# Sur la route de Dijon

Près d'elle un joli tendron
*La belle digue, etc.*
(2x)
Pleurait comme un' Madeleine,
Aux oiseaux, aux oiseaux.

Par là passe un bataillon, *la belle digue, etc.* (2x)
Qui chantait à perdre haleine,
*Aux oiseaux, aux oiseaux.*

"Belle, comment vous nomm'-t-on ?" *la belle digue, etc.* (2x)
"On me nomme Marjolaine,"
*Aux oiseaux, aux oiseaux.*

"Marjolain' c'est un doux nom" *la belle digue, etc.* (2x)
S'écria t'un capitaine,
*Aux oiseaux, aux oiseaux.*

"Marjolain' qu'avez-vous donc," *la belle digue, etc.* (2x)
"Messieurs, j'ai beaucoup de peine"
*Aux oiseaux, aux oiseaux.*

Paraît que tout l'bataillon, *la belle digue, etc.* (2x)
Consola Marjolaine,
*Aux oiseaux, aux oiseaux.*

Quand vous pass'rez à Dijon, *la belle digue etc.* (2x)
(Allez boire à la fontaine)
Ça consolera Marjolaine,
*Aux oiseaux, aux oiseaux.*

# Aux marches du Palais

Aux mar-ches du pa-lais, aux mar-ches du pa-lais, Y'a une tant bel-le fil-le lon la, Y'a une tant bel-le fil-le.

Elle a tant d'amoureux (2x)
Qu'ell' ne sait lequel prendre (2x)

C'est un p'tit cordonnier (2x)
Qu'a z'eu la préférence (2x)

C'est en, la l'y chaussant (2x)
Qu'il lui fit sa demande (2x)

La bell' si tu voulais (2x)
Nous dormirions ensemble (2x)

Dans un grand lit carré (2x)
Couvert de taies blanches (2x)

Aux quatre coins du lit (2x)
Un bouquet de pervenches (2x)

Au beau mitan du lit (2x)
La rivière est profonde (2x)

Tous les chevaux du roi (2x)
Pourraient y boire ensemble (2x)

Nous y pourrions dormir (2x)
Jusqu'à la fin du monde (2x)

# Sur le pont d'Avignon

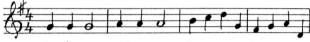

Sur le pont d'A-vi-gnon, On y dan-se, On y dan-se,

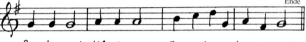

Sur le pont d'A-vi-gnon, On y dan-se tous en rond.

Les beaux mes-sieurs font comme ça, Et puis en-core comme ça.

Les belles dames font comme ça …
(*Hofknicks*)

Les écoliers font comme ça …
(*lange Nase*)

Les couturières font comme ça …
(*Nähbewegung*)

# Nous n'irons plus au bois

Nous n'i-rons plus au bois, les lau-riers sont cou-

pés. La bel-le que voi-là, i-ra les ra-mas-ser.

**Refrain**

En-trez dans la dan-se, Voy-ez comme on dan-se, Sau-tez,

dan-sez, em-bras-sez qui vous vou-drez.

La belle que voilà,
La laiss' rons-nous danser ?
Mais les lauriers du bois,
Les laiss' rons-nous faner ?
*Entrez dans la danse, etc.*

# Il pleut, il pleut bergère

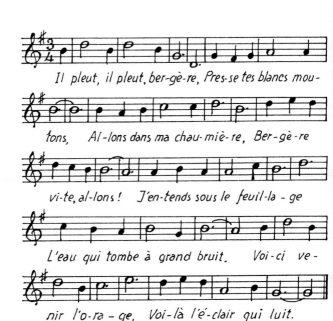

Il pleut, il pleut, ber-gè-re, Pres-se tes blancs mou-tons, Al-lons dans ma chau-miè-re, Ber-gè-re vi-te, al-lons! J'en-tends sous le feuil-la-ge L'eau qui tombe à grand bruit. Voi-ci ve-nir l'o-ra-ge, Voi-là l'é-clair qui luit.

Entends-tu le tonnerre ?
Il roule en approchant,
Prends un abri, bergère,
A ma droite, en marchant.
Je vois notre cabane,
Et, tiens, voici venir,
Ma mère et ma sœur Anne
Qui vont l'étable ouvrir.

Bonsoir, bonsoir, ma mère
Ma sœur Anne bonsoir !
J'amène ma bergère
Près de vous pour ce soir.
Va te sécher, ma mie,
Auprès de nos tisons ;
Sœur, fais-lui compagnie.
Entrez petits moutons.

Soupons, prends cette chaise,
Tu seras près de moi,
Ce flambeau de mélèze
Brûlera devant toi ;
Goûte de ce laitage.
Mais tu ne manges pas ?
Tu te sens de l'orage,
Il a lassé tes pas.

Eh bien ! Voilà ta couche,
Dors-y jusques au jour ;
Laisse-moi de ta bouche
Entendre un mot d'amour.
Ne rougis pas, bergère:
Ma mère et moi, demain,
Nous irons chez ton père
Lui demander ta main.

# Alle Jahre wieder

Al-le Jah-re wie-der kommt das Chris-tus-kind,

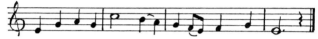

Auf die Er-de nie-der wo wir Men-schen sind.

Kehrt mit seinem Segen
Ein in jedes Haus,
Geht auf allen Wegen
Mit uns ein und aus.

Ist auch mir zur Seite
Still und unerkannt,
Daß es treu mich leite
An der lieben Hand.

# Kling, Glöckchen

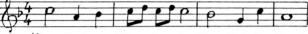

Kling, Glöck-chen, Klin-ge-lin-ge-ling, Kling, Glöck-chen, Kling!

Lasst mich ein ihr Kin-der, s'ist so kalt im Win-ter,

öff-net mir die Tü-ren, lasst mich nicht er-frie-ren.

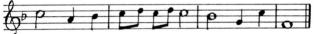

Kling, Glöck-chen, Klin-ge-lin-ge-ling, Kling, Glöck-chen, Kling!

Kling, Glöckchen, etc.
Mädchen, hört und Bübchen,
Macht mir auf das Stübchen,
Bring euch viele Gaben,
Sollt euch daran laben.
Kling, Glöckchen, etc.

Kling, Glöckchen, etc.
Hell erglühn die Kerzen,
Öffnet mir die Herzen,
Daß ich euch erfreue
Jeden Tag aufs neue.
Kling, Glöckchen, etc.

# Stille Nacht, heilige Nacht

Stil-le Nacht, hei-li-ge Nacht, al-les schläft, ein-sam wacht. Nur das trau-te hoch-hei-li-ge Paar, Hol-der Kna-be im lo-cki-gen Haar, Schlaf in himm-li-scher Ruh, Schlaf in himm-li-scher Ruh.

Stille Nacht, heilige Nacht !
Hirten erst kundgemacht,
Durch der Engel Halleluja
Tönt es laut von fern und nah :
Christ, der Retter ist da, (2x)

Stille Nacht, heilige Nacht !
Gottes Sohn, o wie lacht
Lieb' aus deinem göttlichen Mund,
Da uns schlägt die rettende Stund,
Christ, in deiner Geburt, (2x)

# Morgen kommt der Weihnachtsmann

Mor-gen kommt der Weih-nachts-mann, kommt mit sei-nen Ga - ben. Pup-pen, Pferd-chen, Sang und Spiel, und auch sonst der Freu-de viel, Ja, so welch ein Glücks-ge-fühl, könnt ich al-les ha - ben.

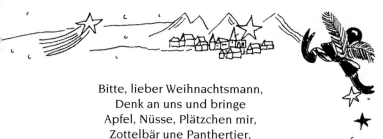

Bitte, lieber Weihnachtsmann,
Denk an uns und bringe
Apfel, Nüsse, Plätzchen mir,
Zottelbär une Panthertier,
Ross und Esel, Schaf und Stier,
Lauter schöne Dinge.

Doch du weißt ja unsern Wunsch,
Kennst ja unsre Herzen.
Kinder, Vater und Mama,
Ja sogar der Großpapa,
Alle, alle sind wir da,
Warten dein mit Schmerzen.

# Les anges dans nos campagnes

Les an-ges dans nos cam-pa-gnes ont en-ton-né des chœurs joy-eux. Et l'é-cho de nos mon-ta-gnes re-dit ce chant mé-lo-di-eux: Glo —— o-ri-a, in ex-cel-sis De-o. Glo —— o-ri-a, in ex-cel-sis De —— o.

Bergers, grande est la nouvelle :
Le Christ est né, le Dieu sauveur !
Venez, le ciel vous appelle
A rendre hommage au Rédempteur.
*Gloria, etc.*

Vers l'enfant qui vient de naître
Accourons tous avec bonheur !
Le ciel nous l'a fait connaître ;
Amour au Christ, au Dieu sauveur !
*Gloria, etc.*

# O Tannenbaum

O Tannenbaum, o Tannenbaum,
Du kannst mir sehr gefallen.
Wie oft hat nicht zur Weihnachtszeit
Ein Baum von dir mich hoch erfreut !
O Tannenbaum, etc.

O Tannenbaum, o Tannenbaum,
Dein Kleid will mich was lehren :
Die Hoffnung und Beständigkeit
Gibt Kraft und Trost zu jeder Zeit.
O Tannenbaum, etc.

Mon beau sapin, roi des forêts
Que j'aime ta verdure !
Quand par l'hiver bois et guérets
Sont dépouillés de leurs attraits
Mon beau sapin, roi des forêts,
Tu gardes ta parure.

Toi que Noël planta chez nous
Au saint anniversaire !
Joli sapin, comme ils sont doux
Et tes bonbons et tes joujoux.
Toi que Noël planta chez nous
Par les mains de ma mère.

# Il est né le divin enfant

Il est né le di-vin en-fant, Jou-ez haut-bois, ré-son-nez mu-set-tes. Il est né le di-vin en-fant, chan-tons tous son a-vè-ne-ment.

Ende *(Refrain)*

Qu'il est beau le di-vin en-fant, Que ses grâ-ces sont donc par-fai-tes, Qu'il est beau le di-vin en-fant, Qu'il est doux, ah! qu'il est char-mant!

D.C.

Qu'il est beau, ce divin enfant !
Sa beauté, sa grâce est parfaite;
Qu'il est beau, ce divin enfant !
Qu'il est doux ! Ah ! Qu'il est charmant !
*Il est né le divin enfant, etc.*

Le Sauveur que le monde attend
Pour tout homme est la vraie lumière,
Le Sauveur que le monde attend
Est clarté pour tous les vivants.
*Il est né le divin enfant, etc.*

# O du fröhliche

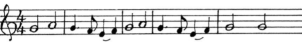

O du fröh-li-che, o du se-li-ge gna-den-

brin-gen-de Weih-nachts-zeit. Welt ging ver-lo — ren,

Christ ist ge-bo-ren, Freu-e, freu-e dich o Chris-ten-heit!

O du fröliche, etc.
Christ ist erschienen, uns zu versühnen,
Freue, freue, etc.

O du fröliche, etc.
Himmlische Heere jauchzen dir Ehre :
Freue, freue, etc.

# Ihr Kinderlein kommet

Ihr Kin-der-lein, kom-met o kom-met doch all. Zur Krip-pe her-kom-met in Beth-le-hems Stall, Und seht was in die-ser hoch-hei-li-gen Nacht, der Va-ter im Him-mel für Freu-de uns macht.

O seht in der Krippe im nächtlichen Stall,
Seht hier, bei des Lichtleins hellglänzendem Strahl
Den lieblichen Knaben, das himmlische Kind,
Viel schöner und holder als Engelein sind.

Da liegt es, das Kindlein, auf Heu und auf Stroh.
Maria und Josef betrachten es froh.
Die redlichen Hirten knien betend davor,
Hoch oben schwebt jubelnd der Engelein Chor.

O beugt wie die Hirten anbetend die Knie,
Erhebet die Hände und danket wie sie.
Stimmt freudig, ihr Kinder, wer wollt' sich nicht freun,
Stimmt froh in den Jubel der Engel mit ein !

Bambins et gamines,
Venez, venez tous.
Merveilles divines
Se passent chez nous.
Voyez dans la crèche
L'enfant nouveau-né
Que dans la nuit fraîche
Dieu nous a donné.

Venez les enfants et chantez tous Noël
Venez et répondez aux joyeux appels
Dans la nuit glaciale, par ce temps de gel
Arrive en silence le bonhomme Noël.

# Hopp, Hopp, Hopp

Hopp, hopp, hopp, Pferd-chen lauf Ga-lopp,

ü-ber Stock und ü-ber Stei-ne, a-ber brich dir nicht die Bei-ne!

im-mer im Ga-lopp, hopp, hopp, hopp, hopp, hopp.

Hopp, hopp, ho, Pferdchen frißt kein Stroh,
Muß dem Pferdchen Haber kaufen,
Daß es kann im Trabe laufen!
Hopp, hopp, ho, Pferdchen frißt kein Stroh.

Brr, brr, he, Pferdchen, steh doch, steh!
Sollst schon heut' noch weiter springen,
Muß dir nur erst Futter bringen!
Steh doch, Pferdchen, steh! Brr, brr, brr, brr, he!

# Die Tiroler sind lustig

Die Ti-ro-ler sind lu-stig, die Ti-ro-ler sind froh, sie ver-kau-fen ihr Bett-chen und schla-fen auf Stroh.

Die Tiroler, etc.
Sie nehmen ein Weibchen
Und tanzen dazu.

Erst dreht sich das Weibchen,
Dann dreht sich der Mann,
Dann tanzen sie beide
Und fassen sich an.

# Ma Normandie

Quand tout re-naît à l'es-pé-ran-ce, Et que l'hi-ver fuit loin de nous, Sous le beau ciel de no-tre Fran-ce, Quand le so-leil re-vient plus doux, Quand la na-ture est re-ver-di-e, Quand l'hi-ron-delle est de re-tour, J'aime à re-voir ma Nor-man-di-e, C'est le pa-ys qui m'a don-né le jour.

J'ai vu les lacs de l'Helvétie,
Et ses chalets et ses glaciers.
J'ai vu le ciel de l'Italie
Et Venise et ses gondoliers.
En saluant chaque patrie
Je me disais : "Aucun séjour
N'est plus beau que ma Normandie.
C'est le pays qui m'a donné le jour".

Il est un âge dans la vie
Où chaque rêve doit finir.
Un âge où l'âme recueillie
A besoin de se souvenir.
Lorsque ma muse refroidie
Aura fini ses chants d'amour,
J'irai revoir ma Normandie
C'est le pays qui m'a donné le jour.

# Montagnes Pyrénées

Mon-ta-gnes Py-ré-né-es, Vous ê-tes mes a-mours. Ca-ba-nes for-tu-né-es, vous me plai-rez tou-jours.

Rien n'est si beau que ma pa-tri-e. Rien ne plaît tant à mon a-mi — e, O monta-gnards, O monta-gnards, chan-tez en chœur, Chan-tez en chœur. De mon pa-ys, de mon pa-ys. La paix et le bon-heur. Ah! — Ah! — Ah! Halte-là, Halte-là, Halte-là, Les monta-gnards, les monta-gnards. Halte-là, Halte-là, Halte-là, Les monta-gnards sont là, les mon-ta-gnards, les mon-ta-gnards, les mon-ta-gnards sont là.

Sur la cime argentée
De ces pics orageux,
La nature domptée
Favorise nos jeux.
Vers les glaciers, d'un plomb rapide,
J'atteins souvent l'ours intrépide !
Et sur les monts (2x)
Plus d'une fois (2x)
J'ai devancé (2x)
La course du chamois. (2x)

Déjà dans la vallée
Tout est silencieux,
La montagne voilée
Se dérobe à nos yeux.
On n'entend plus dans la nuit sombre
Que le torrent mugir dans l'ombre,
O montagnards (2x)
Chantez plus bas (2x)
Thérèse dort (2x)
Ne la réveillons pas! (2x)

# Aus der Jungendzeit

Aus der Ju-gend-zeit, aus der Ju-gend-zeit, klingt ein Lied mir im-mer-dar; o wie liegt so weit, o wie liegt so weit, was mein, was mein einst war. Was die Schwal-be sang, was die Schwal-be sang, die den Herbst und Früh-ling bringt, ob das Dorf ent-lang, ob das Dorf ent-lang, das jetzt noch klingt?

O du Heimatflur, (2x)
Laß zu deinem selgen Raum
Mich noch einmal nur, (2x)
Entfliehn, (2x) im Traum.
Als ich Abschied nahm, (2x)
War die Welt mir voll so sehr,
Als ich wiederkam, (2x) war alles leer.

Wohl die Schwalbe kehrt, (2x)
Und der leere Kasten schwoll
Ist das Herz geleert, (2x)
Wird's nie, (2x) mehr voll.
Keine Schwalbe bringt, (2x)
Dir zurück, wonach du weinst,
Doch die Schwalbe singt, (2x) im Dorf wie einst.

# Ich weiß nicht was soll es bedeuten
## (die Loreley)

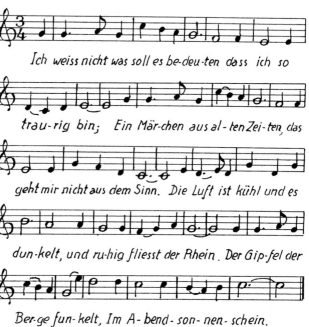

Ich weiss nicht was soll es be-deu-ten dass ich so trau-rig bin; Ein Mär-chen aus al-ten Zei-ten, das geht mir nicht aus dem Sinn. Die Luft ist kühl und es dun-kelt, und ru-hig fliesst der Rhein. Der Gip-fel der Ber-ge fun-kelt, Im A-bend-son-nen-schein.

Die schöne Jungfrau sitzet
Dort oben wunderbar,
Ihr gold'nes Geschmeide blitzet,
Sie kämmt ihr goldenes Haar,
Sie kämmt es mit goldenem Kamme
Und singt ein Lied dabei;
Das hat eine wundersame,
Gewaltige Melodei.

Den Schiffer in seinem Schiffe
Ergreift es mit wildem Weh;
Er schaut nicht die Felsenriffe,
Er schaut nur hinauf in die Höh'.
Ich glaube, die Wellen verschlingen
Am Ende Schiffer und Kahn;
Das hat mit ihrem Gesange
Die Loreley getan.

# Der Mai ist gekommen

Der Mai ist ge-kom-men, die Bäu-me schla-gen aus, da blei-be wer Lust hat, mit Sor-gen zu Haus, Wie die Wol-ken dort wan-dern am himm-li-schen Zelt, so steht auch mir der Sinn in die wei-te, wei-te Welt.

Herr Vater, Frau Mutter, daß Gott euch behüt!
Wer weiß, wo in der Ferne das Glück mir noch blüht;
Es gibt so manche Straße, da nimmer ich marschiert,
Es gibt so manchen Wein, den ich nimmer noch probiert.

Frisch auf drum, frisch auf drum im hellen Sonnenstrahl,
Wohl über die Berge, wohl durch das tiefe Tal!
Die Quellen erklingen, die Bäume rauschen all;
Mein Herz ist wie'ne Lerche und stimmet ein mit Schall.

Und abends, im Städtlein, da kehr' ich durstig ein;
"Herr Wirt, mein Herr Wirt, eine Kanne blanken Wein!
Ergreife die Fiedel, du lust'ger Spielmann du!
Von meinem Schatz das Liedel, das sing ich dazu."

Und find' ich kein Herberg, so lieg ich zur Nacht
Wohl unter blauem Himmel, die Sterne halten Wacht;
Im Winde die Linde, die rauscht mich ein gemach,
Es küsset in der Frühe das Morgenrot mich wach.

O Wandern, o Wandern, du freie Burschenlust!
Da weht Gottes Odem so frisch in die Brust;
Da singet und jauchzet das Herz zum Himmelszelt:
Wie bist du doch so schön, o du weite, weite Welt!

# Ne pleure pas Jeannette

*Ne pleu-re pas Jean-net-te, Tra, la, la, la, la, la, la, la,*

*la la la. Ne pleu-re pas Jean-net — te, Nous*

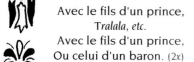

*te ma-ri-e-rons, Nous te ma-ri-e-rons !*

Avec le fils d'un prince,
*Tralala, etc.*
Avec le fils d'un prince,
Ou celui d'un baron. (2x)

Je ne veux pas d'un prince,
*Tralala, etc.*
Encor' moins d'un baron. (2x)

Je veux mon ami Pierre,
*Tralala, etc.*
Celui qu'est en prison. (2x)

Tu n'auras pas ton Pierre,
*Tralala, etc.*
Nous le pendouillerons. (2x)

Si vous pendouillez Pierre,
*Tralala, etc.*
Pendouillez-moi zavec. (2x)

Et l'on pendouilla Pierre,
*Tralala, etc.*
Et la Jeannette avec. (2x)

# M'en revenant de la jolie Rochelle

M'en re-ve-nant de la jo-lie Ro-chel-le, J'ai rencon-

tré, trois jo-lies de-moi-sel-les. C'est l'a-vi-ron, qui nous

mè-ne, mè-ne, mè-ne, C'est l'a-vi-ron qui nous mène en haut.

J'ai rencontré trois jolies demoiselles ; (2x)
J'ai point choisi, mais j'ai pris la plus belle.

J'l'y fis monter derrièr' moi sur ma selle. (2x)

J'y fis cent lieues sans parler avec elle. (2x)

Au bout d'cent lieues, ell' me d'mandit à boère. (2x)

Je l'ai menée auprès d'une fontaine. (2x)

Quand ell' fut là, ell' ne voulut point boère. (2x)

Je l'ai r'menée au logis de son père. (2x)

# Jeanneton prend sa faucille

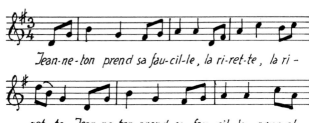

En chemin elle rencontre
*La rirette, la rirette,*
En chemin elle rencontre
Quatre jeunes et beaux garçons. (2x)

Le premier, un peu timide,
*La rirette, la rirette,*
Le premier, un peu timide,
La traita de laideron.

Le deuxième, pas très sage,
*La rirette, la rirette,*
Le deuxième, pas très sage,
Lui caressa le menton.

Le troisième, encor' moins sage,
*La rirette, la rirette,*
Le troisième, encor' moins sage,
La poussa sur le gazon.

Ce que fit le quatrième,
*La rirette, la rirette,*
Ce que fit le quatrième,
N'est pas dit dans ma chanson.

Jeanneton fut si conquise,
*La rirette, la rirette,*
Jeanneton fut si conquise,
Qu'épousa le beau garçon.

Si vous voulez ça, mesdames,
*La rirette, la rirette,*
Si vous voulez ça, mesdames,
Allez donc couper du jonc.

La morale de cette histoire,
C'est …

# Je cherche fortune

Chez l'bou-lan-ger, chez l'bou-lan-ger: «Fais-moi cré-dit, fais-moi cré-dit, J'ai pas d'ar-gent, j'ai pas d'ar-gent, j'paierai Sam'-di, j'paierai Sam'-di. Si tu n'veux pas, si tu n'veux pas M'don-ner du pain, m'don-ner du pain, J'te fourr' la têt', j'te fourr' la têt' dans ton pé-trin, dans ton pé-trin.

Refrain.

Je cher-che for-tu-ne tout au-tour du chat noir, et au clair de la lu-ne à Mont-mar-tre le soir.

Chez le boucher (2x)
Fais-moi crédit, (2x)
J'ai pas d'argent, (2x)
J'paierai sam'di , (2x)
Si tu n'veux pas (2x)
M'donner d'gigot (2x)
J'te fourr' la têt' (2x)
Dans ton frigo, (2x)
*Je cherche, etc.*

Chez l'cordonnier, (2x)
Fais-moi crédit, (2x)
J'ai pas d'argent, (2x)
J'paierai sam'di, (2x)
Si tu n'veux pas, (2x)
M'donner d'sabots, (2x)
J'te fourr' la têt' (2x)
Sous ton marteaux, (2x)
*Je cherche, etc.*

Chez l'pharmacien, (2x)
Fais-moi crédit, (2x)
J'ai pas d'argent, (2x)
J'paierai sam'di, (2x)
Si tu n'veux pas (2x)
M'donner d'Aspro (2x)
J'te fourr' la têt' (2x)
Dans tes bocaux (2x)
*Je cherche etc.*

Chez m'sieur l'curé, (2x)
Fais-moi crédit, (2x)
J'ai pas d'argent, (2x)
J'paierai sam'di, (2x)
Si tu n'veux pas (2x)
Me confesser, (2x)
J'te fourr' la têt' (2x)
Dans l'bénitier, (2x)
*Je cherche, etc.*

Chez monsieur l'mair', (2x)
Fais-moi crédit, (2x)
J'ai pas d'argent, (2x)
J'paierai sam'di, (2x)
Si tu n'veux pas (2x)
Ma marier (2x)
J'te fourr' la têt', (2x)
Dans l'encrier, (2x)
*Je cherche, etc.*

# D'r Vehrele

E mol het de Vehrl ins E-xa-me müen gehn, Do het de Veh-re-le gsait: Sie wer-re mi jo scho wid-der lo gehn, so het de Veh-re-le gsait: Sie wer-re mi jo scho wid-der lo gehn, so het de Veh-re-le gsait.

Do hann se ne gfrojt üs de Geographie.
Do het de Vehrele gsait :
Nawe s' Nochbers Hüs isch unsers gsi,
So het de, etc.

(2x)

Do hann se ne gfrojt üs de Mineralogie
Do het de Vehrele gsait :
*Mit Steine warft m'r d'Fanschter i,*
*So het de, etc.*

*(2x)*

Do hann se ne gfrojt üs de Astronomie
Do het de Vehrele gsait :
*Im "Starne" gitt's de beschde Wi,*
*So het de, etc.*

*(2x)*

Do hann se ne gfrojt üs de Philosophie
Do het de Vehrele gsait :
*Des Danke isch mi Sach nie gsi,*
*So het de, etc.*

*(2x)*

Do hann se de Vehrel zuer Tür nüs khejt
Do het de Vehrele gsait :
*Ich ha's Ejch jo glich prophezejt,*
*So het de, etc.*

*(2x)*

# Ich hatt einen Kameraden

Ich hatt' ein-en Ka-me-ra-den, ei-nen bes-sern findst du nit. Die Trom-mel schlug zum Strei-te, er ging an mei-ner Sei-te, in glei-chem Schritt und Tritt, In glei-chem Schritt und Tritt.

Eine Kugel kam geflogen ;
Gilt es mir oder gilt es dir ?
Ihn hat es weggerissen,
Er liegt mir vor den Füssen,
Als wär's ein Stück von mir. (2x)

Will mir die Hand noch reichen,
Derweil ich eben lad' :
"Kann dir die Hand nicht geben ;
Bleib du im ew'gen Leben,
Mein guter Kamerad !" (2x)

# Mueder, ich well e Deng

Mue-der, ich well e Deng, e Deng, e Deng, e Deng,

Gell du wett e Re-cke-le? Nein! Mue-der, Nein!

O was ich fer e Mue-der ha die jo gar nix ro-te ka!

O was ich fer e Mue-der ha die gar nix ro-te ka!

Gell du wett e Hetele?
*Nein, Mueder, nein, etc.*

Gell du wett e Fletele?
*Nein, Mueder, nein, etc.*

Gell du wett e Männele?
*Ja, Mueder, ja.*

O was ich fer e Mueder ha,
Die jo alles rote ka
O was ich fer e Mueder ha,
Die alles rote ka!

# Zu Lauterbach

In Lauterbach haw' ich min Schuhe vertanzt.
Und ohne Schuh' geh' ich nit heim;
Da steig' ich dem Schuster zum Fenster hinein,
Und hol' ein Paar andre heraus.

In Lauterbach haw' ich min Herzel verloren,
Ohn Herzel da geh ich nit heim,
Drum geh ich erst wieder nach Lauterbach nein,
Un hol mir ein Herz wieder ein.

Bin alle mein Lebtag nie trauri gewesen,
Un bin a zum trauern zu jung;
Hab' immer die Junge recht gerne geseh'n,
Und grosse und kleine genung.

# Dort unten in der Mühle

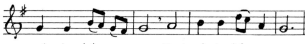

Dort un-ten in der Müh-le sass ich in sü-sser Ruh. Und sah dem Rä-der-spie-le, Und sah den Was-sern zu, Und sah den Was-sern zu.

Sah zu der blanken Säge,
Es war mir wie ein Traum,
Die bahnte lange Wege
In einen Tannenbaum

Die Tanne war wie lebend
In Trauermelodie
Durch alle Fasern bebend,
Sang diese Worte sie :

"Du kehrst zur rechten Stunde,
O Wanderer, hier ein.
Du bist's, für den die Wunde,
Mir dringt in's Herz hinein.

Du bist's, für den wird werden,
Wenn kurz gewandert du,
Dies Holz im Schoß der Erden
Ein Schrein zur langen Ruh'."

Vier Bretter sah ich fallen,
Mir ward's ums Herze schwer ;
Ein Wörtlein wollt' ich lallen,
Da ging das Rad nicht mehr.

# Derrière chez nous

Der-rière chez nous, il est u-ne mon-ta – gne.

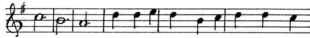

Moi, mon a-mant, nous la mon-tons sou-vent. Moi,

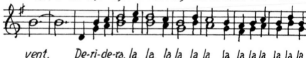

mon a-mant. Moi, mon a-mant, nous la mon-tons sou-

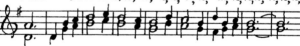

vent. De-ri-de-ra, la, la, la, la, la, la, la, la, la, la, la, la, la,

la. De-ri-de-ra, la, la, la, la, la, la, la, la, la, la, la.

Pour la montée, il est beaucoup de peine,
*Moi, etc.*
En descendant, mille soulagements.
*Deridera-la-la-la, etc.*

Derrière chez nous, il est une fontaine,
*Moi, etc.*
Toute fleurie de beaux lauriers d'amour
*Deridera-la-la-la, etc.*

Derrière chez nous, le rossignol y chante,
*Moi, etc.*
Soir et matin à la pointe du jour.
*Deridera-la-la-la, etc.*

Et il nous dit, dans son joli langage,
*Moi, etc.*
"Les amoureux sont souvent malheureux."
*Deridera-la-la-la, etc.*

"Accorde-moi, ma charmante maîtresse,
*Moi, etc.*
Accorde-moi un peu de liberté"
*Deridera-la-la-la, etc.*

"Quelle liberté veux-tu que je te donne ?
*Moi, etc.*
Tous mes parents m'ont défendu d'aimer.
*Deridera-la-la-la, etc.*

Le mal d'amour est une maladie,
*Moi, etc.*
Le médecin ne saura la guérir.
*Deridera-la-la-la, etc.*

J'irai mourir dans un lieu solitaire,
*Moi, etc.*
Derrière chez nous, sur un coin de rocher."
*Deridera-la-la-la, etc.*

# Perrine était servante

WESTFRANKREICH

Per-rine é-tait ser-van-te, Per-rine é-tait ser-van-te,

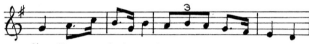

Chez Mon-sieur le Cu-ré, Di-gue don-da, don-dai-ne,

Chez Mon-sieur le Cu-ré, Di-gue don-da, don-dé.

Son amant vint la vouèrre (2x)
Un soir après l'dîner.
*Digue donda dondaine*
*Chez Monsieur not' curé Digue donda dondé*

"Perrine ô ma Perrine, (2x)
J'voudrais t'i ben biser."
*Digue donda, etc.*

"Eh, grand nigaud qu't'es bête, (2x)
Ça s'prend sans s'demander."
*Digue donda, etc.*

V'là m'sieur l'curé qu'arrive (2x)
Où j'vas-ti ben t'cacher ?
*Digue donda, etc.*

Cache-té dedans la huche (2x)
I' saura point t'trouver."
*Digue donda etc.*

Il y resta six s'maines (2x)
Elle l'avait oublié.
*Digue donda, etc.*

Au bout de six semaines (2x)
Les rats l'avaient rouché (mangé).
*Digue donda, etc.*

I's y avaient rouché l'crâne (2x)
Et pis tous les doigts d'pieds.
*Digue donda, etc.*

On fit creuser son crâne (2x)
Pour faire un bénitier.
*Digue donda, etc.*

On fit monter ses jambes (2x)
Pour faire un chandelier.
*Digue donda, etc.*

Voilà la triste histoire (2x)
D'un jeune homme à marier.
*Digue donda, etc.*

Qu'allait trop voir les filles (2x)
Le soir après dîner.
*Digue donda, etc.*

# Il était une chèvre

Ell' revenait d'Espagne et parlait l'allemand.
Elle entra par hasard dans le champ d'un Normand
*Ballottant d'la queue, etc.*

Elle entra par hasard dans le champ d'un Normand.
Ell' y vola un chou qui valait bien trois francs.
*Ballottant d'la queue, etc.*

Ell' y vola un chou qui valait bien trois francs
Et la queue d'un poireau qu'en valait bien autant.
*Ballottant d'la queue, etc.*

Et la queue d'un poireau qu'en valait bien autant.
Le Normand l'assigna devant le parlement
*Ballottant d'la queue, etc.*

Le Normand l'assigna devant le parlement.
La chèvre comparut et s'assit sur un banc.
*Ballottant d'la queue, etc.*

La chèvre comparut et s'assit sur un banc.
Puis elle ouvrit le Code et regarda dedans.
*Ballottant d'la queue, etc.*

Puis elle ouvrit le Code et regarda dedans.
Elle vit que son affaire allait fort tristement.
*Ballottant d'la queue, etc.*

Elle vit que son affaire allait fort tristement.
Lors, elle ouvrit la porte et prit la clef des champs.
*Ballottant d'la queue, etc.*

# Il était une bergère

Il é-tait une ber-gè-re, et ron, ron, ron, pe-tit pa-ta-pon, il é-tait une ber-gè-re qui gar-dait ses mou-tons, ron, ron, qui gar-dait ses mou-tons.

Elle fit un fromage
Du lait de ses moutons.

Son chat qui la regarde
D'un petit air fripon.

Si tu y mets la patte
Tu auras du bâton.

Il n'y mit pas la patte
Mais il y mit l'menton.

La bergère en colère
Tua son p'tit chaton.

Elle fut à son père
En demander pardon.

Mon père je m'accuse
D'avoir tué mon chaton.

Ma fill' pour pénitence
Nous nous embrasserons.

La pénitence est bonne
Nous recommencerons.

# Auprès de ma blonde

Dans les jar-dins d'mon pè-re les li-las sont fleu-ris. Tous les oi-seaux du mon-de y viennent faire leur nid. Au-près de ma blon-de, Qu'il fait bon, fait bon, fait bon. Au-près de ma blon-de, Qu'il fait bon dor-mir.

(Die beiden letzten Zeilen wiederholen)
La caill', la tourterelle
Et la joli' perdrix.
*Auprès de ma blonde etc.*

Et ma joli' colombe
Qui chante jour et nuit.
*Auprès de ma blonde etc.*

Qui chante pour les filles
Qui n'ont pas de mari.
*Auprès de ma blonde etc.*

Pour moi ne chante guère
Car j'en ai un joli.
*Auprès de ma blonde etc.*

"Dites-nous donc la belle
Où donc est vot' mari ? "
*Auprès de ma blonde etc.*

"Il est dans la Hollande
Les hollandais l'ont pris."
*Auprès de ma blonde etc.*

"Que donneriez-vous belle
Pour avoir votre ami ?"
*Auprès de ma blonde etc.*

"Je donnerais Versailles,
Paris et Saint-Denis."
*Auprès de ma blonde etc.*

"Les tours de Notre-Dame,
Et l'clocher d'mon pays."
*Auprès de ma blonde etc.*

# En passant par la Lorraine

Il m'ont appelée vilaine, avec mes sabots (2x)
Je ne suis pas si vilaine
*Avec mes sabots etc…*

Puisque le fils du roi m'aime, avec mes sabots (2x)
Il m'a donné pour étrennes
*Avec mes sabots etc…*

Un bouquet de marjolaine, avec mes sabots (2x)
S'il fleurit, je serai reine
*Avec mes sabots etc...*

S'il fleurit, je serai reine, avec mes sabots (2x)
Et s'il meurt, je perds ma peine
*Avec mes sabots etc...*

# Schön ist die Jugend

Schön ist die Ju-gend bei frohen Zei-ten, schön ist die Ju-gend, sie kommt nicht mehr. Bald wirst du mü-de durch's Le-ben schrei-ten, um dich wird's ein-sam, im Her-zen leer. Drum sag ich's noch ein-mal, schön ist die Ju-gendzeit, schön ist die Ju-gend, sie kommt nicht mehr.

Es blühen Rosen, es blühen Nelken
Es blühen Rosen, sie welken ab.
*Drum sag' ich' noch einmal etc.*

Es blüht ein Rosenstock und der trägt Rosen
Und aus den Rosen steigt süsser Duft
*Drum sag' ich' noch einmal etc.*

Es blüht ein Rebstock und der bringt Trauben
Und aus den Trauben fließt edler Wein.
*Den Wein, den trinken wir, schöne Mädchen lieben wir,
Schön ist die Jugend, sie kommt nicht mehr.*

# Sah ein Knab ein Röslein stehn

Knabe spracht : ich breche dich,
Röslein auf der Heiden !
Röslein sprach : ich steche dich
Daß du ewig denkst an mich
Und ich wills nicht leiden.
*Röslein, Röslein, etc.*

Und der wilde Knabe brachs
Röslein auf der Heiden ;
Röslein wehrte sich und stach,
Half ihm doch kein Weh un Ach
Mußt' es eben leiden.
*Röslein, Röslein, etc.*

Cadet Rousselle a trois gros chiens (2x)
L'un court au lièvr', l'autre au lapin (2x)
L'troisième' s'enfuit quand on l'appelle,
Comm' le chien de Jean de Nivelle.
Ah, ah, ah, etc…

Cadet Rousselle a trois beaux yeux (2x)
L'un r'garde à Caen, l'autre à Bayeux (2x)
Comme il n'a pas la vu' bien nette,
Le troisième c'est sa lorgnette.
Ah, ah, ah, etc…

Cadet Rousselle a trois garçons (2x)
L'un est voleur, l'autre est fripon. (2x)
Le troisième est un peu ficelle.
Il ressemble à Cadet Rousselle.
Ah, ah, ah, etc…

# J'ai descendu dans mon jardin

J'n'en avais pas cueilli trois brins (2x)
Qu'un rossignol vint sur ma main
*Gentil coqu'licot, mesdames etc…*

Il me dit trois mots en latin, (2x)
Que les homm', ils ne valent rien.
*Gentil coqu'licot, mesdames etc…*

Et les garçons encor' bien moins (2x)
Des dames, il ne me dit rien.
*Gentil coqu'licot, mesdames etc...*

Des dames, il ne me dit rien
Mais des d'moisell' beaucoup de bien.
*Gentil coqu'licot, mesdames etc...*

# Il était un petit navire

Il partit pour un long voyage (2x)
Sur la mer Mé-Mé-Méditerranée (2x)
*Ohé, ohé, matelot etc.*

Au bout de cinq à six semaines (2x)
Les vivres vin-vin-vinrent à manquer (2x)
*Ohé, ohé, matelot etc.*

On tira-z-à la courte paille (2x)
Pour savoir qui-qui-qui serait mangé (2x)
*Ohé, ohé, matelot etc.*

Le sort tomba sur le plus jeune (2x)
Il monte en haut-haut-haut du grand hunier (2x)
*Ohé, ohé, matelot etc.*

"O sainte Vierge, ô ma patronne (2x)
Empêche-les-les-les de me manger !" (2x)
*Ohé, ohé, matelot etc.*

Et aussitôt un grand miracle (2x)
Pour l'enfant fut-fut-fut réalisé (2x)
*Ohé, ohé, matelot etc.*

Des p'tits poissons dans le navire (2x)
Sautèrent par-par-par et par milliers (2x)
*Ohé, ohé, matelot etc.*

# Le bon roi Dagobert

Le bon roi Dagobert
Chassait dans la plaine d'Anvers.
Le grand saint Eloi lui dit : "O mon roi !
Votre majesté est bien essoufflée."
"C'est vrai, lui dit le roi,
Un lapin courait après moi."

Le bon roi Dagobert
Avait un grand sabre de fer.
Le grand saint Eloi lui dit : "O mon roi !
Votre majesté pourrait se blesser."
"C'est vrai, lui dit le roi,
Qu'on me donne un sabre de bois."

# Dans un amphithéâtre

Dans un am-phi-thé-âtre, Dans un am-

phi-thé-âtre, Dans un am-phi-thé-âtre, phi-thé-

âtre, phi-thé-âtre, phi-the-âtre. Tsoin! Tsoin!

Y'avait un macchabée.
*Macchabée, etc.*

On le disséquera
*On le disséquera, etc.*

Avec un bistouri.
*Avec un bistouri, etc.*

Pour voir s'il est bien mort
*Pour voir s'il est bien mort, etc.*

On lui coupera la tête.
*On lui coupera la tête, etc.*

# Joli tambour

Jo-li tam-bour, re-ve-nant de la guer-re, Jo-li tam-bour, re-ve-nant de la guerre, Et ri, et ran, ra-pa-ta-plan! re-ve-nant de la guer-re.

La fill' du roi était à sa fenêtre (2x)
Et ri et ran, etc.

Joli tambour, donne-moi donc ta rose (2x)
Et ri et ran, etc.

Sire le roy, donnez-moi votre fille (2x)
Et ri et ran, etc.

Joli tambour, tu n'es pas assez riche (2x)
Et ri et ran, etc.

J'ai trois vaisseaux dessus la mer jolie (2x)
*Et ri et ran, etc.*

L'un chargé d'or, l'autre de pierreries (2x)
*Et ri et ran, etc.*

Le troisième est pour promener ma mie (2x)
*Et ri et ran, etc.*

Joli tambour, je te donne ma fille ! (2x)
*Et ri et ran, etc.*

Sire le roy, je vous en remercie (2x)
*Et ri et ran, etc.*

Dans mon pays, y' en a de plus jolies (2x)
*Et ri et ran, etc.*

# Malbrough s'en va-ten guerre

Il reviendra-z-à Pâques
*Mironton, mironton, etc.*
Il reviendra à Pâques
Ou à la Trinité  *(3 x)*

La Trinité se passe
*Mironton, mironton, etc.*
La Trinité se passe,
Malbrough ne revient pas *(3 x)*

Madame à sa tour monte
*Mironton, mironton, etc.*
Madame à sa tour monte
Si haut qu'elle peut monter *(3 x)*

Ell' voit venir son page
*Mironton, mironton, etc.*
Ell' voit venir son page
Tout de noir habillé *(3 x)*

Beau page, ô mon beau page
*Mironton, mironton, etc.*
Beau page, ô mon beau page
Quell' nouvelle apportez ? *(3 x)*

Monsieur d'Malbrough est mort
*Mironton, mironton, etc.*
Monsieur d'Malbrough est mort,
Est mort et enterré *(3 x)*

# Chevaliers de la Table ronde

S'il est bon, s'il est agréable
J'en boirai jusqu'à mon plaisir. (2x)
*Goûtons voir, oui, oui, oui, etc....*

Si je meurs, je veux qu'on m'enterre
Dans la cave où y' a du bon vin. (2x)
*Goûtons voir, oui, oui, oui, etc.*

Les deux pieds contre la muraille
Et la tête sous le robinet. (2x)
*Goûtons voir, oui, oui, oui, etc.*

Et les quatre plus grands ivrognes
Porteront les quatr' coins du drap. (2x)
*Goûtons voir, oui, oui, oui, etc.*

Pour donner le discours d'usage
On prendra le bistrot du coin. (2x)
*Goûtons voir, oui, oui, oui, etc.*

Et si le tonneau se débouche
J'en boirai jusqu'à mon loisir. (2x)
*Goûtons voir, oui, oui, oui, etc.*

Et s'il en reste quelques gouttes
Ce sera pour nous rafraîchir. (2x)
*Goûtons voir, oui, oui, oui, etc.*

Sur ma tombe, je veux qu'on inscrive
Ici gît le roi des buveurs. (2x)
*Goûtons voir, oui, oui, oui, etc.*

# Wie die Blümlein draußen zittern

Wie die Blüm-lein draus-sen zit-tern und die A-bend-lüf-te weh'n! Und du willst mein Herz ver-bit-tern, Und du willst nun von mir geh'n. Ach bleib bei mir und geh' nicht fort, an meinem Herzen ist der schönste Ort! Ach bleib bei mir und geh' nicht fort, an meinem Her-zen ist der schön-ste Ort!

Draußen in der weiten Ferne
Sind die Menschen nicht so gut,
Und ich gäb für dich so gerne
Meinen letzten Tropfen Blut.
*Ach, bleib' bei mir, etc.*

Hab' geliebt dich ohne Ende
Hab' dir nichts zu Leid getan !
Und du drückst mir stumm die Hände,
Und du fängst zu weinen an.
*Ach, bleib' bei mir, etc.*

## A

- 18 AH ! VOUS DIRAIS-JE MAMAN
- 46 A LA CLAIRE FONTAINE
- 98 ALLE JAHRE WIEDER
- 44 ALLE VÖGEL SIND SCHON DA
- 76 ALOUETTE
- 48 AM BRUNNEN VOR DEM TORE
- 28 AU CLAIR DE LA LUNE
- 21 AU FOND DES BOIS
- 146 AUPRÈS DE MA BLONDE
- 120 AUS DER JUGENDZEIT
- 92 AUX MARCHES DU PALAIS

## B

- 72 BOIR' UN PETIT COUP

## C

- 154 CADET ROUSSELLE
- 166 CHEVALIERS DE LA TABLE RONDE

## D

- 57 DANS LA FORÊT LOINTAINE
- 161 DANS UN AMPHITHÉÂTRE
- 42 DAS ELSASS, UNSER LÄNDEL
- 74 DE HANS IM SCHNOKELOCH
- 124 DER MAI IST GEKOMMEN
- 138 DERRIÈRE CHEZ NOUS
- 50 DESSOUS MA FENÊTRE
- 115 DIE TIROLER SIND LUSTIG
- 45 DIE VÖGELEIN IM WALDE
- 137 DORT UNTEN IN DER MÜHLE
- 132 D'R VEHRELE

## E

- 78 EIN MÄNNLEIN STEHT IM WALDE
- 68 EIN VOGEL WOLLTE HOCHZEIT MACHEN
- 148 EN PASSANT PAR LA LORRAINE

## F

- 9 FAIS DODO, COLAS
- 84 FAUT-IL NOUS QUITTER?
- 79 FRÈRE JACQUES
- 40 FUCHS, DU HAST DIE GANS GESTOHLEN

## G

- 22 GOLDNE ABENDSONNE
- 58 GUTEN ABEND, GUT' NACHT
- 24 GUTER MOND DU GEHST SO STILLE

## H

- 10 HÄNSCHEN KLEIN
- 114 HOPP, HOPP, HOPP
- 64 HORCH WAS KOMMT VON DRAUSSEN REIN

## I

- 63 ICH BIN EIN MUSIKANT
- 134 ICH HATT EINEN KAMERADEN
- 122 ICH WEISS NICHT WAS SOLL ES BEDEUTEN
- 112 IHR KINDERLEIN KOMMET
- 108 IL EST NÉ LE DIVIN ENFANT
- 158 IL ÉTAIT UN PETIT NAVIRE
- 144 IL ÉTAIT UNE BERGÈRE
- 142 IL ÉTAIT UNE CHÈVRE
- 96 IL PLEUT, IL PLEUT BERGÈRE
- 70 IM SCHÖNSTEN WIESENGRUNDE

## J

- 156 J'AI DESCENDU DANS MON JARDIN
- 12 J'AI DU BON TABAC
- 128 JEANNETON PREND SA FAUCILLE
- 130 JE CHERCHE FORTUNE
- 162 JOLI TAMBOUR
- 88 JOYEUX ENFANTS DE LA BOURGOGNE

## K

- 16 KARLINELE, KARLINELE
- 99 KLING, GLÖCKCHEN
- 59 KOMMT EIN VOGEL GEFLOGEN
- 8 KUCKUCK, RUFT AUS DEM WALD

## L

- 34 LA BOHÊME
- 82 LÀ-HAUT, SUR LA MONTAGNE

| | |
|---|---|
| 32 LA MARSEILLAISE | 80 SCHLOF, KENDELE SCHLOF |
| 160 LE BON ROI DAGOBERT | 150 SCHÖN IST DIE JUGEN |
| 52 LE RIGAUDON | 30 SONT LES FILLES DE LA ROCHELLE |
| 104 LES ANGES DANS NOS CAMPAGNES | 100 STILLE NACHT, HEILIGE NACHT |
| 7 LES GRENADIERS DE REICHSHOFFEN | 94 SUR LE PONT D'AVIGNON |

## M

- 164 MALBROUGH S'EN VA-T-EN GUERRE
- 116 MA NORMANDIE
- 127 M'EN REVENANT DE LA JOLIE ROCHELLE
- 118 MONTAGNES PYRÉNÉES
- 102 MORGEN KOMMT DER WEIHNACHTSMANN
- 135 MUEDER I WELL E DENG
- 60 MUSS I DENN, ZUM STÄDLE HINAUS

- 90 SUR LA ROUTE DE DIJON
- 38 SUR LA ROUTE DE LOUVIERS

## W

- 26 WEISST DU WIEVIEL STERNLEIN STEHEN ?
- 77 WENN GOTT WILL RECHTE GUNST ERWEISEN
- 168 WIE DIE BLUMLEIN DRAUSSEN ZITTERN
- 13 WINTER ADE

## N

- 126 NE PLEURE PAS JEANNETTE
- 95 NOUS N'IRONS PLUS AU BOIS
- 66 NUN ADE, DU MEIN LIEB HEIMATLAND

## Z

- 36 ZIGEUNERLEBEN
- 136 ZU LAUTERBACH

## O

- 111 O, DU FRÖLICHE
- 75 O, DU LIEWER AUGUSTIN
- 86 O, STRASSBURG
- 106 O, TANNENBAUM

## P

- 29 PAR DERRIÈRE CHEZ MA TANTE
- 140 PERRINE ÉTAIT SERVANTE
- 54 PLANTONS LA VIGNE

## Q

- 14 QUAND J'ÉTAIS CHEZ MON PÈRE
- 56 QUAND LA MER ROUGE APPARUT
- 20 QUAND TROIS POULES VONT AUX CHAMPS

## R

- 62 ROSEMARIE

## S

- 152 SAH EIN KNAB EIN RÖSLEIN STEHN
- 110 SAINT-NICOLAS, PATRON DES ÉCOLIERS

Printed in France
(SICOP, Bischheim)
Dépôt légal : 2e trimestre 1992
ISBN 2 - 7165-0212-9